El árbol es un pueblo con alas

(Antología personal)

PIEDRA DE LA LOCURA

Colección

Collection

STONE OF MADNESS

Omar Ortiz Forero

EL ÁRBOL ES UN PUEBLO CON ALAS

(ANTOLOGÍA PERSONAL)

Nueva York Poetry Press®

Nueva York Poetry Press LLC
128 Madison Avenue, Oficina 2NR
New York, NY 10016, USA
Teléfono: +1(929)354-7778
nuevayork.poetrypress@gmail.com
www.nuevayorkpoetrypress.com

El árbol es un pueblo con alas
(Antología personal)
© 2022, Omar Ortiz Forero

ISBN-13: 978-1-950474-33-2

© Colección *Piedra de la locura vol. 16*
Antologías personales
(Homenaje a Alejandra Pizarnik)

© Dirección:
Marisa Russo

© Edición:
Francisco Trejo

© Diseño de forros:
William Velásquez Vásquez

© Pintura de portada:
Osvaldo Sequeira

© Ilustración de interiores:
Camila López

© Fotografías:
Propiedad del autor

Ortiz Forero, Omar
El árbol es un pueblo con alas / Omar Ortiz Forero; 1ª ed. New York: Nueva York Poetry Press, 2022.
222 pp. 6"x 9".

1. Poesía colombiana. 2. Literatura latinoamericana.

A mis hijas.
A Juan Manuel Roca.

Siempre se llega tarde a la niñez

MARÍA GAINZA

Las muchachas del circo
(1983)

LAS MUCHACHAS DEL CIRCO
se escaparon una noche
por un roto que en la carpa hizo la luna,
y se lanzaron por este ancho mundo
a repartir payasos, trapecistas, saltimbanquis, enanos
y una maravillosa fauna de osos y micos
que sabían el lenguaje de las nubes.
A nosotros,
y en eso radica parte de nuestra desgracia,
sólo nos tocó uno mero,
el enano perverso.

DICEN QUE EL ENANO,
entre otras terribles cosas,
escupía los viernes de Pasión la Sagrada Forma,
como les está ordenado a los renegados e hijos del malo.
Cuentan que de su locería escapó un sátiro
que no perseguía más que doncellas comunistas.
Una noche de aquelarre,
hombres armados con cara de no ser de este mundo,
se lo llevaron para el Magdalena Medio.

EL TRAGA ESPADAS COMENZÓ DE CADETE.
Lo licenciaron del glorioso ejército,
el medio día que decidió almorzarse
las bayonetas de la compañía.
Es imposible reseñar la cantidad de espadas, floretes,
estoques, sables, puñales que entre trago y trago
de fuego consumió el traga dagas.
Como un semi-dios homérico, el traga aceros,
sólo tenía una prohibición divina,
no podía atragantarse,
y como son las cosas de la vida, caballero,
su fulgurante carrera terminó,
la noche que aceptó un suculento viudo de bocachico
en ese lugar que llaman Flandes.

LAS VOLANTONAS,
decidieron establecer en cada esquina
bares, cantinas y casas de amor.
Prosperaron desde entonces las luces de colores,
las gruesas cortinas de hidromiel
y los cantantes de tangos
que por fin encontraron un decente hogar.
Las melindrosas,
contrataron ángeles de Sodoma
para atender la numerosa clientela,
y cuentan
que con las plumas de los querubines
fabricaron mullidas almohadas
que estallaban de cuando en cuando
para gozo de los niños
que miraban esas noches,
como si nevara.

CUANDO LAS MUCHACHAS ARRIMARON A BUGA,
Mimi Fragoso, trapecista volcánica,
decidió probar suerte como mujer araña.
La Fragoso,
tendió sus redes en la Avenida del Señor de los Milagros
para escándalo de los redentoristas
alarmados con la peluda competencia.
Mimi-paciencia,
segregó poco a poco los secretos hilos
de la ciudad señora,
poniendo en peligro la salud mental de las muchachas
que brincaban gozonas
entre fogata y fogata,
besando manos y pálidas matronas.

POR CIERTO,
el saltimbanqui tenía fama de sodomita.
Dice Luz de Fuego que lo sedujo Alí,
cierto personaje que llegó al circo
procedente de Kira Kiralina,
una bella novela de Panait Itstrati.
Sin embargo,
el sinvergüenza sostenía relaciones clandestinas
con la mujer barbuda que lo esclavizaba
bajo contundentes amenazas feministas.

UNA VEZ RECUPERÓ LA PALABRA,
perdida desde la noche que hicieron correr
un limón partido en cruz sobre la pista del circo,
el mago,
descubrió aterrorizado grandes lagunas en su memoria.
Nunca recuperaría a la muchacha de goma.
Desde entonces,
su mano izquierda aprieta una maciza pelotica roja.
Como una cárcel, de cariño, claro.

EL EMPRESARIO DEL CIRCO

es definitivamente un tipo de malas.
Su domador,
dómine indiscutido de fámulas y maritornes,
enloquecido por su amor a Pepa,
leona fina oriunda del Camerún,
ante el asombro general,
decidió transformarse en hombre bala.
Y una noche,
se fue para siempre en el treinta y ocho largo
del policía de guardia.

Diez regiones
(1986)

1

Primero fue la región de la guayaba,
Tierra de los cinco huecos,
el trompo bailador
y la bola mara.
Al Sur,
los eucaliptos hacen parpadear las estrellas.
Al Norte,
la madre camina por el sendero de la leche,
la leche tibia y espumosa del ordeño.
Dicen que el sol sale por Occidente
pero tengo mis dudas,
nunca despierta las cometas
ni calienta el agua de Vitelma.
En cambio al Oriente,
los copetones gorjean su única canción:
la oración de la tarde, entre cerezos,
pantalones raídos,
raspaduras
y máscaras del Santo.

2

Después fue la región del Durazno.
Tierra de Ifigenia,
que regresó de Aulide convertida en abuela.
Tierra de manos menudas,
de velos,
de luz.
Tierra del almíbar agrio de los hombres de verde
apostados en las esquinas de la muerte.
Tierra de mujeres rosadas
olorosas a viejo y a rosario.
Tierra de puntos cardinales
perdidos en la bruma de miedosas mañanas
y peores tardes.
Pero también espacio solitario
de viajes encantados y estampas milenarias.
Alba en que extendió Simbad
su turbante de plata.

3

Después fue la región de la Breva.
Tierra que limita con la luna creciente
en solares secretos tapiados por ángeles con callos
que hurtan el dolor a la noche
haciendo bailar el viento de las flautas.
Tierra de arena
y de guijarros disparados con tino.
Tierra de callejuelas estrechas y sinuosas
marcadas con las placas del hambre
y del odio,
de hombres hartos de otros hombres
que un día fueron sedas y bordados.
Reino de la señora de los perros,
señora de los andrajos y las cajas,
hada mala de la cinco de la tarde
cuando las madres besan a sus hijos
y las abuelas preparan la oración del Ángelus.

4

Después fue la región del Madroño.
Tierra dorada
que limita sospechosamente con la región de la guanábana,
famosa por ser morada de frailes disolutos y lascivos.
Tierra de dudosos encantos
y equivocas pasiones.
Lugar de las hojas verdes,
de la rana verde
y los guaduales sombríos
que maduran al sol el canto de los sapos.
Vecindad de las hormigas rojas
enamoradas de la naranja lima,
de las arrieras amarillas
y la culebra perezosa.
Tierra de flores
y muchachos
rodeados de incienso para gracia de Dios.

5

Después fue la región de la Piñuela.
Tierra del primer beso.
Tu boca sin besar y mi boca sin besos,
por esa vez
se dieron al largo aprendizaje de los labios.
Tierra pródiga en amores,
amores de uniforme y voladas de casa
y ron y coca cola y fiestas a las tres
y Cortijo y su Combo y Despeinada
y un abrazo furtivo.
Hoy, en esa misma tierra
donde creció la rosa,
se ha instalado el olvido,
como el árbol
es más tarde la brasa.

7

Después fue la región de la Curuba.
Tierra señorera y espantosamente casta.
Antípoda de la región del Lulo,
habitada por gentes mal habladas
que continuamente están muriendo de amor.
Tierra del cristal con rotulitos
paraíso e infierno de los niños,
que adrede, con todo se tropiezan.
Tierra de grandes e inservibles aparatos,
donde la sencilla hoja,
no es hoja sino estorbo.
Tierra, por lo demás, de color amarillento
como a polvo podrido de anchos cementerios.
Tierra del pergamino
que no merece ni el olvido.

8

Después fue la región del Corozo.
Tierra alta y esbelta como pierna de cumbiambera.
Tierra de los tres colores
que guardan celosamente el misterio de lo blanco.
En su orilla verde,
un sabio hindú,
en forma de mandril,
custodia bajo los huevos el libro de la Ley
y la Costumbre.
En su orilla roja,
el sol madura la sandía que calma la sed de los hombres.
En su orilla negra,
cantan los viejos
que alguna vez
se robaron el viento.

9

Después fue la región de la Uva.
Tierra cercana de Pisimbalá
donde caminamos bajo un aguacero de estrellas.
Tierra amada de Alí Hassan,
llamado el sabio,
preceptor del poeta al mil cuatrocientos siete de la Hégira.
Tierra de ensueños y de tiernas palabras
que alegran el corazón de los hombres.
Tierra de la sombra,
donde crece la higuera espaldas al sol.
Tierra del fresco sonido del agua.
Mi copa está llena,
Salud.

10

Después fue la región del Chontaduro.
Tierra de la redondez.
Una cadera, un seno,
deseando la caricia,
o,
cansados de amar,
arrullando el gozo de los niños
frente al mar.
Tierra de las manos que se buscan
de la piel que sueña otra piel
en noches de silencio.
Tierra siempre por descubrir
lugar amado del eterno retorno.
Tierra marina,
sal de la tierra.

Los espejos del olvido
(1991)

1

Transitamos la noche

como los trenes que por este lado del continente
dejan en cada estación un agrio aroma
de tristeza y miseria.

Pasaron ya las horas de la infancia.
Sobre el arenoso patio no volvieron
a caer las estrellas y las cerezas
se pudrieron a los pies de la niña Isabel.

Tú llegas como los trenes
al primer ulular de las sirenas.

3

Los trenes llegaron cargados de cadáveres
como los ríos, cientos, miles de cadáveres.

Los trenes y los ríos
no tienen memoria.
El mar y la estación los devoran
para esculpirlos en cada amanecer
limpios y relucientes.

Sólo al amor
le está permitido bañarse dos veces en el mismo río.

EL FIEL

Las más hermosas muchachas
distanciaban su corazón
de la Calle de la Vieja Linterna.

Pero Él, sólo a una amó.
¡Oh tú! Flor de los sueños.

GIORDANO BRUNO

¿Quién ha dicho
que una gota de lluvia
no es el cielo?

TODOS LOS CARPINTEROS VAN AL CIELO

A Arnaldo Victoria

Y también los sastres, los zapateros, los albañiles,
las costureras, los peluqueros, los artesanos,
y por supuesto, las putas y algunos buenos poetas.

Los malos poetas, en cambio,
llegan directamente al infierno
donde son condenados a construir
un único y eterno poema
que sea como Él, perfecto.

VUELTA

Es cierto.
En la noche de los cuervos los hombres
temen por sus ojos.
Es cierto.
El camino de la sangre es nuevamente
el camino del oro.
Es cierto.
Nuestras mujeres vuelven a desgarrar sus vientres
pues se niegan a parir el horror de la muerte.
Es cierto.
En la noche de los hombres sin nombre
los cuervos huyen por temor a sus ojos.

Un jardín para Milena
(1993)

ALBATROS

Frente a la ventana, el viejo marinero
Sueña las ballenas que navegan por su alma
Y que su ojo feroz no arponeó.
Su corazón es de verdad un único
Cementerio marino. No el del poema.
El que viaja en esa pequeña ola
Que rueda lentamente por su mejilla.

AMOR Y PAISAJE

El primer plano del cuadro
Es un inmenso campo de caléndulas
Atravesado por una vereda
Que llega al pie de un añoso árbol,
¿Ceiba o samán?
En su corteza se relata
Una historia de amor.
Pero el amor sólo cobra cuerpo
En el eterno balanceo del ahorcado.

POEMA DEL OTRO

El otro, el que camina a la orilla del agua,
Muestra en su cuerpo la saga de la guerra,
El incendio de las eras, la abrasada ala de la torcaza.
Sabe, como Ahasverus, que su exilio termina
En la piedra negra donde el colibrí afila el pico.
Allí encontrará el amor, recordará un libro soñado
Y el árbol hará sombra a su tostada frente.
Ahora, mira por encima del hombro
Con su mueca de siempre, el hastío de lo eterno.
Tal vez sea quien escribe esta página, suya,
Desde la primera huella de sus dedos.

EL OLVIDO

Un niño ciego recorre un sendero
Sembrado de geranios.
Se ayuda de un bastón y los vecinos
Oyen de sus labios citas de Homero.
Quiso ser Ulises y un buen día descubre
Que un natural de Dublín lo ha suplantado.
Se enfrenta a los doctores de la Ley
Y no los vence pero se solaza con ellos.
Pudo ser Cristo
O Buda
O Zoroastro.
Mas finge ser un hombre
Un hombre cuerdo.
Dicen que hace versos.
Él, no recuerda.

HOTEL CONTO

Nadie sube impune los peldaños del amor.
Cuando se arriba al umbral de esa puerta
Al vacío, el suicida, le hace un guiño
A la nube, y como la abeja, enloquece
Con el sol.

HISTORIA DEL PESIMISTA

La trampa invisible de la araña
Señala al héroe lo inútil de su esfuerzo.
Teseo en vano enfrenta al Minotauro.
Sabe que el acero hiere de muerte
Al brazo que lo esgrime.
La morada del dragón no es la leyenda.
Su matador, deambula por el país de los enanos
En pos de Ariadna cautiva del conjuro.
La reina, salvada del hechizo, prepara los mastines.
En el bosque un hombre sueña.

POEMA DEL CAMPOSANTO

Quien dice cementerio, dice cruces, claveles,
azucenas,
rezos de la abuela que el día de las ánimas
luce abrigo gris, guantes de cabritilla, escarapela.
Desde su frialdad de mármol
el padre Almanza engorda su fama de santo,
permitiendo a piojos y chinches de sus devotas
obtener un fácil alimento. Pobres animalitos de Dios.
Luego de la oración a los difuntos, los vivos recuerdan
el salón Florida espumoso a chocolate.
Unas buenas onces pueden ahorrar muchas lágrimas,
dice el tío Indalecio,
fijos los ojos en las pantorrillas de la mesera.
Quien entierra a sus muertos debidamente
debe olvidar las miserias de las casas de pompas,
las visitas de pésame
y esperar que la abuela se santigüe.

ULISES

La uva, cosechada en la noche,
sabe mejor en la calle de las dulces muchachas.
Allí apuran su copa confesor y asesino.
El Cristo abraza en la llaga del olvido
la marchita amapola.
Un seno se ofrece en el escaparate,
mientras el borracho, ahíto de ron,
ultraja el pudor de la muchacha malaya.
La muñeca, ¿es un sueño de trapo?
Es posible velar en otras puertas.
Recorrer el adoquín de la calle de las palmeras,
donde el alcatraz escarba los huevos del cangrejo.
El vigía no sabe si mar adentro
pueda conciliar el sueño,
siempre ronda aleve, la sirena.

DESPUÉS DEL VERANO

Conservo el mar en el ojo del Tigre,
Más útil que su piel o la señal de sus garras.
Conservo el sueño del ahogado,
Más real que la ballena que transporta.
Conservo la sorda algarabía de los pájaros,
Más espesa que el miedo del cazador
Cuando lo roza el Nenúfar,
Conservo el sol cuando se aparea con la mariposa nocturna,
Más brillante que la cópula de la Salamandra.
Conservo los conjuros de la hechicera,
Mas ni una sola de tus palabras de amor.

POEMA DE LA CARICIA

Siempre en el amor está el poema,
la caricia marca con el hierro del instante.
La palabra inútil, nada nombra.
Sólo tu mano es cierta. Sólo vive tu cuerpo.
Sobre la negra losa tu piel
se estremece al contacto de la piedra.
Es día de Jaguar y la guerra sujeta a los hombres.
Con su color de achiote. Tú, eres la amada,
la amante. Oyes el maíz germinar en tu vientre.
Cierras los ojos al nombre de tu hombre, que sabes lejos,
en el reino del señor de la noche.
El peyote deforma la luz del pebetero.
Quieres reír, señalar el nombre de tu estrella.
El sacerdote palpa tu seno y recuerdas:
siempre en el amor está el poema,
la caricia marca con el hierro del instante.

NOCTURNO

Aquí está la memoria.
En estos libros, testigos mudos
De su blanca piel de luna, está escrita su historia.
Hay que mirar por las hendijas, donde su sombra,
A esta hora se desnuda. Nunca se piensa
Que la perfumada sábana del amor, sea la mortaja.
Mi corazón arrastra un barrilete, como un niño
Que suspende su vida en la levedad de una pluma.
Ahora, cuando la noche es más espesa
Alguien arrastra el cadáver de una Alondra.

EL JARDÍN DE MILENA

Niña ¿en qué jardín sueña la princesa?
Yo soy el mendigo y este traje que ves
Son retazos de luna. Me ha traído la noche con su croar de ranas
¿no escuchas el grito del mochuelo?
¿sobre qué flor reclina la cabeza?
¿es cierto que las hadas le tejieron un manto de astromelias?
Vengo en busca del beso. ¿iluso, ingenuo?
¿los hilos de la luna no son hilos de plata?
Niña recuérdame la fábula.
Han pasado los años y este bordón señala
Lo que ignoró el guerrero. Mis pies han olvidado, ¿parto o regreso?
Niña es fresca tu piel, tu cama es blanda, tu pan es dulce.
Pero dime, ¿dónde está la princesa?

El libro de las cosas
(1995)

EL LIBRO

Así como la Anaconda hipnotiza a sus víctimas.
(No es raro ver una mariposa estampada en el aire
o un colibrí paralizado ante el hechizo).
El sol se detiene en el reloj de arena
y los sueños son el río que no va al mar.

LA VENTANA

Atisbo desde el árbol
Respiro por las hojas brillantes del guanábano.
No tengo cuerpo, sólo el ojo que guía la luz por la rendija.
Tú, ajena al ajetreo de mi pupila.
Te recorres con agua de rosas que huelo por las hojas.
¡Oh yo!, ¡el señor de los visillos!
Soy el espejo que no te refleja,
la minucia que no te pertenece,
el archivo de tu piel,
la otra orilla de tu ventana.

EL ESPEJO

No es verdad que los ojos sean el espejo del alma.
Si tal ocurriera, los asesinos caerían fulminados
y nada sucede cuando el torturador
cruza
y se peina.

EL JUEGO

El niño, asume el penúltimo naipe del castillo,
y justo, al momento de culminar su obra,
todo vuela de un alegre manotazo.
Nosotros, asumimos la acabada torre de los fracasos,
y desperdiciamos la ocasión
de volarnos la tapa de los sesos.

LA PUERTA

En la alta torre de los caballeros azules
vive el infante Pedro, el de diestra figura.
Sus vasallos lo aclaman y esperan la hora
de competir con él en los torneos.
Sólo el bufón no se atreve a mirarle a la cara.
Su cuerpo contrahecho, escarnio del Dios de los hombres,
conoce las secretas apetencias de la princesa.
alguna vez equivocó la puerta.

LA MÁSCARA

Cuenta el poeta Brodsky que vio al Rey de la Niebla,
en Venecia, en invierno.
Suena la campanilla y la ciudad padece
un Rey más melancólico, más majestuoso aún.
Lleva una enorme máscara, pero no es tiempo hoy
de celebrar cuaresma.
El silencio, enmohece el trigo, corta el vino.
No danza este Rey triste.
¿Quién ama al poderoso? Son prohibidos sus ojos.
El León de San Marcos, es un gato sarnoso.
Sus pasos se confunden por el ancho vacío de Venecia,
en invierno.

EL VIAJE

Yo sé de un pueblo de hombres que no diferencian
entre lo justo y lo injusto.
Sus asuntos los someten a la flor del chamico
-la flor roja del chamico, ya que la blanca
es usada para curar ponzoñas y venenos-.
El viejo que toma el jugo de la flor roja del chamico
lee en el corazón de los valientes la huella del jaguar,
y observa la risa de la hiena en la palabra zalamera del canalla.
No hay un solo pesar que deje intacto el rostro de quien lo
        padece.
Los viejos lo saben y preparan sahumerios
para aliviar a los marcados.
No necesitan recorrer un palmo de tierra.
Sus caminos, son los caminos del viento.
Parte con las lluvias de abril
y regresan a la brisa suave de primeros de agosto.
Piden carne de venado y una joven de senos duros
para reposar la travesía.
Cuando viajan a la región del cóndor,
las muchachas paren de cuclillas en el río.

LA BARCA

Yo, Zenón de Yampupata, salvador del poeta
y de su amada,
navego el mar, espuma de oveja,
trueno de jaguar, viento del cóndor.

No sé, ni me interesa, si Odiseo es taxista en Lima
o cambista en el Cuzco.
Si Marco Polo, es un santo y seña de Sendero.
Si Colón llegó antes o después de Eric el Rojo.

No he cruzado el Aqueronte, pero he caminado
nueve montañas y nueve valles
por un puñado de sal.

Mi casa está a mitad de camino entre el sol y la luna,
es hecha de la caña que llamamos, "totora",
y pasan por allí algunos viajeros,
(no todos, asustados musógrafos
que no porfían un verso o un conjuro)

Mi barca, "El Avaroa", es la liebre,
Aquiles, la lancha voladora del hotel de turismo.
Aun así, no sé en verdad, si pierda o gane.

LOS PADRES

Se toma una cajita y se depositan en ella
todas las rabietas, mohínes, pataletas,
carantoñas,
acostumbradas. Se cubre con papel arcoíris
y se quema en la isla de las ballenas a la luz
de la luna.
De regreso se envuelve el cuerpo en lino
amarillo
y se duerme por tres días y tres noches.
Al despertar papá estará velando al lado
de la cuna,
mientras mamá canta con voz joven y bella.

LOS ABUELOS

Las palabras de los abuelos
se mezclan con una porción de nube
atrapada en un día soleado.
Si se tiene batidora se colocan allí y basta,
si no, se revuelven en una olleta mediana
a punta de molinillo.
Una vez preparado el batido
se guarda en un recipiente de vidrio limpio
y seco.
Debe tomarse una cucharadita antes de ir
a la cama
siempre que pueda y quiera
amanecer con una sonrisa.

LOS NOVIAZGOS

En un mortero de plata peruana
se maceran dos libras de geranio rojo.
Previamente, se tienen listas siete ramitas
de albahaca recogidas la noche que se aparean
las mariposas.
Las ramitas se cocinan
el primer día de luna llena del mes de mayo
y esta agua se esparce por el geranio macerado
puesto previamente al sol.
Esta esencia se aplica por tres veces
tras las orejas, la nuca, los codos
todos los días.
No te salva del amor
pero te alivia el corazón.

LOS COLEGAS

Existen desde el principio del tiempo.
Son también llamados clones o dobles.
En la Edad Media, para escapar al Santo Oficio
formaron sectas o cofradías
que hoy son conocidas
con el nombre de clubes o agremiaciones.
Tienen su hábitat natural en la región de
Transilvania
donde es famosa su afición a salir de noche.
Se afirma que huyen de los espejos.

LOS CRÍTICOS

Como fueron creados la primera noche
en que el cometa Halley puso en peligro
la estabilidad del planeta,
se ufanan por sus virtudes de arcángeles.
Para conjurar su mirada de basilisco
se usa la flor de heliotropo
que nos confiere el don
de hacernos invisibles.

La luna en el espejo
(1999)

MUCHACHA

El espliego en el jardín.
En el patio la madreselva y el tomillo.
La hierbabuena, muchacha, tú en mi alma,
Como la miel de tus ojos, bálsamo de viejas heridas,
De noches ciegas que alejan las estrellas.
Muchacha, pájaro de mis días, ven muchacha,
Permite que mi boca guarde el instante de tu aroma.

PLEGARIA

Señor,
si tu misericordia es más grande
que los ojos de mi amada,
perdóname
por amarla a ella más que a ti.
Pero si tu sabiduría
conoce el corazón de los hombres,
entonces permite que me embriague con sus besos.

ARRULLO

Una mujer acuna en mi oído
La "Canción de la niña triste".
El alma de la espiga anida en su pecho.
La estrella de la noche vela el secreto de la luz matinal.
Mañana no tendré sosiego:
Su voz no amanecerá en mi almohada.

CONJURO CONTRA EL OLVIDO

Para que no te olvides
Acepta esta mañana de febrero,
Esta luz de Tuluá indeleble en mis ojos.
Tú conoces el vientre de la piedra,
El diamante que guarda,
Y esa roca marina que el coral alimenta.
Tu memoria es propicia a la piel del venado,
A su diario sustento de viento y de violetas.
En la urna de jade que apaña su secreto,
Equilibran los hados sus designios funestos.

NUESTRA SEÑORA DE LOS LAGARTOS

El reino del cuarzo delimita su geografía
de azogue.
Hombres de arcilla y hielo habitan su territorio.
Su animal es el lagarto y la tortuga de patas
largas
Que hace posible el renacer de la luna.
¿Recuerdas? Una tarde de viernes vimos
a la Madonna,
Nuestra señora del tercer día nos miraba desde la altura.
Tenía los ojos tristes y un cansancio de siglos.
Con su piel rugosa, como montaña.
No sé si pude huir o fui atrapado en la luz,
Sólo recuerdo que tus brazos, en silencio,
me arrullaban.

UNA MUCHACHA EN LA VENTANA

Sus ojos provocan la melancolía
En los vecinos de la calle de los limones.
Su trenza, las miradas torvas de las señoras
Ocupadas en recoger los trastos de la noche.
Siempre allí, entre la maceta de violetas
Y el gato que sabe de memoria la huella
de sus dedos.
Ophelia, se llama,
Y no ha escrito ni recibe cartas de amor.
Sueña, sí con grandes barcos.
Con ciudades a la orilla del mar.
Ignora que su sueño la conduce
A un hombre de traje oscuro
Que bebe vino en *La Brazileira*
O en la *Bodega de Fonseca*, mientras escribe,
Con múltiples nombres.

Una muchacha de San Petersburgo

Anna Ajmátova, casó con un poeta,
Nikolai Gumiliov, fusilado por orden de Yezhov,
jefe de policía y mal sujeto.
Su hijo, Lev Gumiliov, estuvo en la cárcel
a los veinte años.
De ella habló mal Maiakovski
antes de suicidarse, pero le perdonamos.
Anna Ajmátova, sufrió el terror.
Compuso Réquiem para que no olvidáramos.
Pero nuestras mujeres que ven morir sus hijos,
sus novios, sus esposos, asesinados,
no pueden leer más que la lista diaria de los muertos.
Lloran de rabia, de impotencia,
mientras cierran la tapa de los féretros,
y de su alma.
Por eso hoy les hablo de Anna Ajmátova
para que sepan que no están solas en su congoja.

UNA MUCHACHA QUE SE FUE

Escribo:
"La noche es una excusa
Para la vanidad de la astromelia"
Y el corazón va de prisa
Como el verano.

Escribo:
"La transparente música de la araña
Es una trampa a la veleidosa mariposa"
Y el viento de agosto
Se hace voz en la algarabía de la ceiba.

Escribo:
"El vibrar de la libélula
Provoca la tempestad"
Y en efecto llueve.

Escribo:
"El agua es el espejo de Dios"
Y me miro en tus ojos.

Escribo:
"El arcoíris nace en tu regazo"
Y entonces pregunto:
¿Qué sentido tiene escribir
Si no estás tú para que alabes mis versos?

LA NOCHE

Ni siquiera es un sueño la noche, amor.
Ni miríadas de estrellas, ni lunas de plata.
Tal vez la llama de una vela,
Siempre una mariposa que señala el sendero
De una larga jornada.

MEMORIA URBANA

Trapos verdes, azules,
Algún calzón, la sábana,
La persistente huella.
El sol, la ciudad vieja que vive en sus balcones,
En el bullicio de los inquilinatos
Donde Florita vive su destino
Y con Néstor y Hugo estrenamos los guantes
de boxeo,
O espiamos la pobreza de unos hermosos senos
Dignos de mejor suerte.
La ciudad que transita en la memoria
Bajo esta lluvia eterna
Como luz, diluida, en el agua del pozo.

EL SAXOFONISTA

Nació el año del pespunte,
Cuando los ojales, vírgenes sin botón,
Ocasionaron el bostezo y luego la muerte
A centenares de modistas
Una de ellas era su madre.
Por eso sus *blues* tienen ese fúnebre gemido
De gata en celo.

DE ALGUNAS CERTEZAS

Los pueblos africanos
Veneran la araña como animal sagrado.
Saben que si una araña de Dahomey
Se une a la de Haití,
Una de Sierra Leona a otra de Samarcanda,
Las de Angola con las de Quibdó,
Las de Guinea con las de Bahía,
Las de Tánger con las de Nueva Orleáns,
Las de Tetuán con las de Zaire,
Las de Nueva Zelanda con las de Martinica,
Y así una tras otra,
La tierra perecería envuelta en su propia transparencia.
Como sé, que el día que no me ames,
La araña que asola los árboles anidará en mi corazón.

EL INVIERNO

La humedad de tu cabello tiene nostalgia de luna.
Es inmensa la noche, como la soledad del espejo.
Es el aroma de los recuerdos,
el agua pútrida de los deseos marchitos.
Muerte, te derrotaremos a escobazos.
Te colgaremos de la ceiba, muerte.
Para que pase la noche
sin el murmullo de los irredentos.
Los que lloran hasta pudrir la semilla.
Cuando el río arrasa la casa del hombre,
una pérfida mano destruye la palabra árbol.
En la ciudad que habitamos
ya no se escucha la algarabía de los loros.
Los animales saben del caudal crecido de cadáveres.
¿Dónde el amor? ¿Dónde, si no en tu cabello
que crece a la medida de tus huesos?

EL ALQUIMISTA

En su retorta,
no se mezclaron el cinabrio y el oro.
Tampoco su fuego calentó nunca el azogue y la plata.
No pretendió la eternidad,
menos la sabiduría.
Se dedicó a observar atardeceres,
a seguir con cariño la florescencia de la orquídea,
a conservar en frascos de colores la humedad de la risa.
Así, en el silencio de su estancia,
hizo una única anotación:
"El alma es el alambique de Dios".

Diario de los seres anónimos
(2002)

ARIOSTO FIGUEROA

No es El Mundo esta cantina descascarada por el tiempo.
En sus paredes no se lee ninguna historia, lejos la leyenda.
No hay muchachas, ni mezcal, ni siquiera asesinos.
Ningún gringo bebe aquí su último trago,
ni se juega la vida en veintiún vasos un poeta encendido.
Algunos parroquianos vienen y se aburren,
como se aburren con sus queridas o con el cura.
Si pasara un ángel nadie levantaría la copa en su nombre.
Sólo las moscas interrumpen la desesperanza.
Una mujer apareció una vez y pronunció tres palabras,
me casé con ella irresponsablemente.
Desde entonces entiendo el obstinado silencio de mis
     vecinos.

Enrique Uribe

Un tío abuelo fue muerto a golpes de hachuela,
otros, descuajaron montañas, fundaron ciudades,
construyeron ferrocarriles, escribieron libros.
Mi padre, que era comunista,
buscando burlar a los agentes del régimen
vino a esconderse en las faldas de mi madre.
Allí fui concebido.
Con la pólvora malograda por la huida,
dicen las malas lenguas. Nací un poco locato,
apto para ser presidente o senador vitalicio,
pero prefiero vender lotería y hacer versos clandestinos.

CIELO LUNA

No hablo desde que el alma de mi padre
habita mis sueños. Es joven, mi padre.
Lleva un vestido blanco, cuello de pajarita
y corbatín negro.
Me regala dos muñecas de trapo. Ellas me gustan
como detesto a mis iguales.
Desprecio sus estudiados gestos,
su palabrería vana.
Me alegra el llanto de un niño, o su recuerdo.
La sombra del sietecueros me confunde,
Tengo noventa y tres años y estoy sorda como una tapia.

María Morales

A pesar de las advertencias de mi confesor
siempre fui fiel al asombro.
Indagaba por el héroe que por tres jornadas
cargó en sus hombros la luna,
matizando de plata las hojas del yarumo.
Nadie respondía mis preguntas hasta que un poema
descubrió para mí las correspondencias secretas
develadas por los guardas del ojo de la nube.
Me hice maestra para preservar el milagro.
Los niños lo intuyen,
por ello desconfían de los números quebrados
y del estómago de las vacas donde hay un bonete
y un librillo que provocan risa.
Pero mis superiores me reprenden
y las compañeras de la escuela me envían dulces
y lindas postales donde desean me alivie pronto.

MARÍA LUISA DE LA ESPADA

Por defender mis privilegios
permito se me incluya en este opúsculo.
Un tal De Quincey publicó hace algunos lustros
la historia de una monja que disfrazada
de alférez
arribó al Nuevo Mundo.
Es tiempo de aclarar el infundio.
No existió tal monja y sólo yo enfundada
en traje de guerra
me allegué a estas tierras con el capitán Juan de Borja
a poner sitio a la tribu Pijao
alzada en armas contra Su Majestad.
Con el auxilio de Dios y de Fray Pedro Simón
consumamos el exterminio.
Nos dimos entonces a la búsqueda de tesoros,
encontrando mucho oro y el perdón del Señor,
que acogió mi alma cuando el veneno
de Su Ilustrísima paralizó mi corazón.

EVANGELINO ZULUAGA

Soy el verdadero intérprete de Dios,
sé descifrar el sonido del bronce.
Balancear el encordado mayor y armonizarlo
con el menor
para que el toque de ánimas
venza la indiferencia y el orgullo.
La memoria de mis manos debe imprimir
al angelus
el tañido que llama al recogimiento y al recato.
Cuando vuela el repique del clamor
es el triunfo del resucitado campaneando
en los corazones.
Mi oficio de músico celeste atiborra mis oídos
con treinta años de rebato.
Por ello, no oiré el pito del tren que viene.

El demasiado alcohol arruinó mi visión.
No tengo trato con los dioses,
el futuro es para mí un enigma
y procuro olvidar el paso de los días.
La música de las cantinas es la única que reconozco
y soy incapaz de distinguir un do sostenido
de un grito de mi mujer cuando me embriago.
No puedo entonces ser poeta, ni me importa
el comercio con las musas.
Desde que no puedo hablarle a los ojos
administro un garito, nadie como yo para distinguir
la mala suerte del derrotado,
de la buena estrella del advenedizo.
Dios no me entregó los libros y la noche,
me dio la luz que palpita en la sombra.

EL NEGRO MARÍN

Me confunden con el héroe de Los Chancos,
pero no, la vida es mi batalla.
Dura contienda, soy maestro en artes musicales.
En tiempos mejores, violinista de la Scala de Milán,
donde hice amistad con Brindis de Salas,
habanero de nacimiento, cenizo y pasudo,
pero tocado con el don de las castálidas,
a quien, para su infortunio, invité a estas tierras,
donde fue consumido en un palenque de Guayaco
por una negra brava que lo esclavizó
en sus encantos,
bebiendo aguardiente y recorriendo el río
para llenar la panza de guayabas silvestres.
Carlos Brindis de Salas, volvió a su isla
donde murió olvidado. Pero el mundo
es suertudo,
la negra está tocando el piano.

HERNÁN MORENO

Al salir de un garito,
donde fui esquilmado por cuatro tahúres
que me aliviaron de todos mis bienes,
una muchacha que Dios tentó con la piedad,
me hizo el regalo de un poema anónimo
que quiero que mis deudos inscriban en el patio de los gera-
nios.
Escúchenlo con recogimiento:
"Nunca he visto la flor del tabaco,
la imagino azul como el humo en invierno.
Del cáñamo conozco su hoja áspera,
Su abrumadora semilla,
Y presiento que florece en el sueño.
Sé que la flor del opio es un cocodrilo
Que devoró a un mendigo en Times Square.
Pero los rosados pétalos que guardan el vino
del deseo,
Los mismos que cantaba Kayyán,
Son la más refinada creación de la sabiduría".

FLORITA FRANCO

Yo también viajé por los cuatro continentes
pedaleando una máquina Singer, como cuentan
Leonora Carrington y el poeta Roca
de algunas de sus conocidas.
Pude ser una delicada modista,
ya que mis ojos y mis manos eran sabedores
de los secretos del lino.
Pero el Señor puso en mi camino un marido infame
y tres pequeños de ojos asustados.
Hice lo que pude, más mi obra nunca vistió mi sueño.
Por eso, preferí el silencio.

JOSÉ LUIS FORERO

Como no pude prever mi nacimiento,
tengo establecidas las minucias de mi muerte.
Las condiciones, circunstancias y fecha de la misma
me abstengo de divulgarlas para no anticipar el contento
de mis enemigos. Aviso a familiares e interesados
que el goce y disfrute de mis bienes será legado
a diversos facinerosos para contribuir a su pronta ruina.
Aclaro, a mi edad son vanas las penas de amor,
mi hacienda es próspera y gozo de cabal salud.
Mi determinación conviene a mi conciencia de la libertad.
La misma que defendimos con el general Herrera,
siendo derrotados por las fuerzas clericales.
En verdad, si el hombre fue creado a imagen y semejanza
de Dios, tenemos una divinidad de porquería.
Si no fueran un estorbo, mis cenizas podrían esparcirse
en los ceniceros del régimen.

Marcial Gardeazábal

Pertenezco a una estirpe que siempre
vive a destiempo.
Mi padre, víctima de un ataque de narcolepsia, fue enterrado
      vivo.
Después del macabro hallazgo,
mi hermano Joaquín convirtió su pesadumbre
en un interminable monólogo con la muerte.
Ernesto, otro hermano, virtuoso artista,
entregaba los lienzos al fuego no más eran alabados
por cualquier transeúnte.
Tío Pedro, armado de una tiza,
escribía en los muros iracundos poemas.
Y yo, el más práctico de los mortales,
me hice librero en un pueblo de analfabetas.
No se alarmen, es la saga que contará mi nieto.

RAMÓN ELÍAS

Con mi lija la mesa vuelve a su esbeltez primera.
La madera respira y en las capas de aceite
leo varias historias. Descubro los rencores,
las infidelidades, las pequeñas traiciones
que alimentan la geografía del potaje.
La puerta y sus heridas me narran violencias
que no encubren la masilla que resana.
Mi oficio me ha enseñado el valor de los solitarios,
las putas, los tahúres, los gerifaltes,
me hacen hueco en sus caletas.
No tienen el llanto fácil del canalla,
ni la ruidosa zalamería de los traidores.
Por tanto no creo en Dios ni en las mujeres,
como la razón natural enseña.

LEONILDE ROSAS

Contraje nupcias joven.
No sabía que mi marido gustaba del licor
y de las putas. Tanto que eran su negocio.
El bar Pielroja, llamaba mi calvario.
Ni mis guisos, ni mis dulces de leche
pudieron retener sus ímpetus.
Hasta que Dios intervino para mi viudez,
no hubo sosiego. Guardé un discreto luto,
vendí con ganancia los bienes de la infamia
y pude solazarme al diez por ciento
con las angustias de mis vecinos.
No tengo queja, creo que la vida es justa.

LA CHINA

"El trece de mayo la virgen María
bajó de los cielos y cómo le iría".
Así cantaba yo en homenaje a la imagen
que los sacerdotes paseaban mientras desde el puente
los camiones descargaban su siniestro transporte.
No sabía, a mis ocho años cumplidos, de Portugal,
de Fátima, de Cova de Iría, de pastorcitos
y menos de milagros.
Soñaba sí, y en mi ingenuidad de niña,
temía por la suerte de la Virgen huyendo monte arriba
con el Niño en brazos. Así corríamos nosotros,
la muerte pegada a los talones
y el olor del miedo resoplando en la espalda.

HÉCTOR FABIO DÍAZ

Llevo encima el traje azul, la corbata naranja,
la camisa que tanto gusta a Margarita, la del 301,
los zapatos negros recién lustrados, una pinta de hombre,
como dijo mi madre después del beso ritual de despedida.
En la Kodak me tomaron la foto para la solicitud de empleo.
Pero de pronto me empujaron a un auto,
me pusieron dos armas en la cabeza y acabé tirado en una pocilga
donde me preguntaban por gente desconocida.
No señor, decía y me pegaban.
Sí señor, respondía, e igual me pegaban.
Duro, lo hacían,
como si no tuviera carne, ni huesos, ni sangre, ni alma.
Ya no tengo traje azul, ni corbata naranja,
ni puedo abrazar a Margarita.
Ahora soy una desteñida foto que mi madre
lleva a cuestas en plazas y desfiles.

Las calles del viento
(2004)

LA CALLE DE LAS NUBES

Es un deleite para los niños que pueden cambiar el
paisaje a su acomodo. Viajan por esa calle como en
el cinematógrafo y cuando paran su loco recorrido
quedan unas sombras difusas como en una puesta
de sol con arreboles.

LA CALLE DE LOS SUEÑOS

Tiene forma de flor. Los enterados afirman que es
una orquídea y los ignaros se desgañitan al gritar
que quién ha visto una orquídea con forma de rosa.
Por supuesto a las abejas que viven de las bondades
de sus estambres les importa un pito tan banal
y tonta discusión.

LA CALLE DE LA NIEBLA

Fue el señor Rodrigo Díaz quien tomó la foto.
Se distingue un muro que semeja un puente, un
automóvil azul, un Dodge como el que conducía
Lamparilla, y un zapato. El zapato es del pie izquierdo
y no se sabe más del finado. Aclaro, como la bruma
es tan densa en las placas fotográficas nunca
aparece el cadáver.

LA CALLE DE LOS VIEJOS

Es en realidad un parque, pero como alguna vez fue
calle quedó la costumbre de llamarla según la antigüedad
de sus contertulios. No hay en verdad mucho
que contar sobre una rutinaria reunión de
jubilados que juegan ajedrez, tute y que saben de
memoria quiénes han sido los nosecuantos presidentes
de la república, salvo, que una vez que fallecen,
regresan a platicar con sus amigotes convertidos en
ardillas o iguanas.

LA CALLE LARGA

Es más larga que la culebra más larga. Más larga
que el tren más largo. Más larga que el río más
largo. Más larga que la serpentina más larga. Tan
larga que los agrimensores no tienen metro con que
medirla y entonces un agrimensor se para en una
punta y otro agrimensor se para en la punta contraria
y ambos gritan fuerte, fuerte, fuerte. Al encontrarse
los gritos no se escuchan nada y tienen que
volver a empezar.

Cequiagrande
(2011)

VIEJA PROVIDENCIA

Siguen tus pasos por los rincones de la casa.
La lluvia que cae viene con el aroma de tu pelo.
Tu pelo mojado sobre el negro de la tela.
Me traicionan las palabras porque la belleza hiere
y el único bálsamo me fue negado.
Pero mi boca pronunció el conjuro, el susurro
que señala el sendero de tu secreto: la pequeña
luna que guardas mediada de ternura, sin que tus muslos
reconozcan la creciente que avanza.
El frasco que almacena tu inquieta risa es
también el calidoscopio de tu colorido mar, de tus
corales y arrecifes. Aguardo, como el pescador
que saluda el amanecer abrazado a la esperanza.

HUELLAS

Mientras el curaca prepara el yagé, mis dedos
palpan antiguas cicatrices que al decir de Miguel
Hernández tatuaron en mi cuerpo la vida,
el amor y la muerte.
Mas, una vez consumado el ritual, descubro
maravillada en cada una de dichas huellas, una
particular y perfumada orquídea.

METAMORFOSIS

Platón, el de anchas espaldas,
fustigó a los rapsodas extasiados en la belleza de
Helena
y sus palabras terminaron más ciegas que Homero.
Gregorio de Nisa y Gregorio de Nacianzo,
sus discípulos,
enseñaron que la verdad es ajena al goce y al oprobio
de los amantes y ya se sabe: amanecieron convertidos
en dos lustrosos y exasperados escarabajos.

OAXACA

Mientras Araceli lee a Sabines,
María prepara los revoltijos que usará en la limpia.
De la cocina llega un fuerte aroma a chocolate
que pone a salivar al poeta Herrera
quien prepara un mole negro.
La zapoteca me saca la camisa,
me palpa suavemente las costillas y con un puñado
de albahaca esparce sobre mi piel agua de clavelina
mezclada con manzanillo,
-Para que los mayores te saquen el chingadazo
de Tlacocula- dice.
En el Zócalo, los zapatistas leen a Flores Magón
y preparan el sendero de los caracoles.
La mano de María pasa sobre mi cabeza untada
de mezcal,
-Para que el señor de los estambres te permita el
Regreso- agrega.
Por el camino del peyote la otra María, la Sabina,
encarna en el nanactl, el hongo sagrado.
De la piedra verde, brotó el árbol y el mundo se
posó en su copa, Santa María El Tule, te invocamos.
El sol anidó en Cerro Santo y la milpa se esparció
sobre la tierra.
-No es nada, no es nada. Ya pasará la molestia,
hermanito-
me susurra María como cantando.

Del patio, llega la voz de Araceli:
"Los amorosos se ponen a cantar entre labios
una canción no aprendida.
Y se van llorando, llorando,
La hermosa vida".

LA ASTROMELIA

Sin el prestigio literario de la rosa
y carente del halo de misterio perturbador de la
orquídea,
la astromelia
tiene la lozanía, el destello de luz
de las muchachas de barrio.
Flor y muchachas comparten lo fugaz del milagro,
lo que sin duda, eterniza su belleza.

INVENTARIO

Poseo
nidos de pájaros entre los anaqueles de mi
biblioteca y un rico tiempo que los nutre.
Una brizna de hierba que me regaló una muchacha
de ojos claros.
Con ella y con los penachos de la última cosecha
de maíz
mis aves construyen sus refugios.
Tengo también un papel que sueña ser un barco
y en él una mano desconocida escribió: te espero.
Algunos versos acompañan mis pertenencias,
pero es mejor no citarlos pues serán otros mañana.
Hay un río, como uno de los bienes por fuera del
comercio, nacido en la lustrosa cabellera de la
más joven de las hechiceras.
Además, en el marco de la ventana florece el jazmín
recordando el olor de una vieja fotografía.
Para ser preciso, mi casa del barrio de los
salesianos sólo existe, con su mobiliario y sus
espejos, desde el sueño donde la arena dibuja tu cuerpo.

EL PAUJIL

La gente nómada, cuenta en una vieja historia que la tierra,
la existencia del planeta, depende del apareamiento del paujil.
En su memoria las mujeres de la tribu elaboran un intrincado
      baile,
confuso para los pocos antropólogos que por allí se arriman.
En la madrugada las danzantes emiten unos extraños
      sonidos
y sin miramientos se echan a volar.

COTIDIANA

La escoba, como la alfombra puede volar.
Nunca como el colibrí o como el tordo,
más bien semeja un búho, un mochuelo,
pues en la noche los gatos son además lámparas de ámbar.
Posada en tierra se alimenta de aire,
de las líneas de luz amanecidas con resaca en los rincones.
Y se aferra a las manos,
a las amorosas o furiosas manos que la empuñen.

MEMORIA DEL INFANTE

Cuando la madre pasa el plumero sobre la mesa,
la madera evoca su corazón de nido.
¿Sobre cuál viento huyó este extraño utensilio
que puede ser gaviota, garza, arrendajo, torcaza, pavo real?
¿En qué remota estancia se escucha su misterioso silbo?
Una mano de niño dibuja el secreto de su casero vuelo.

ARTE POÉTICA

La poesía es una golondrina. Golondrina que viste
falda de colores, tiene sexo, ama, odia, se levanta
con ojeras, vive en la acera de enfrente pero irrumpe
en mi casa como un torbellino y casi nunca tiene lo
suficiente para saciar sus apetitos. Pero vuela, vuela,
porque de lo contrario se torna estática, de bronce. Y
este pesado elemento sólo existe para que lo caguen
las palomas. Por eso cuando me envuelvo en el traje
con el que burlo a mis implacables acreedores, mi ojo
descubre esa imperceptible manchita que disparada
al cielo hace que el mundo sobreviva, y te escriba.

COYOACÁN

Ya no se oyen los coyotes merodeando el maguey,
ni en el mercado las mujeres visten el color de sus huipiles,
pero puedes encontrar a Carmen en la librería Gandhi
disfrutar de su risa, de sus malas palabras,
mientras te cuenta de sus republicanos padres,
de su hermano Luis que escribió contra Franco,
cuando dicho atrevimiento costaba la vida,
de su tierra de Durango, de José Ángel, su paisano,
de su casa, a la que te invita,
la oyes, mientras fuma su cuarto o quinto cigarrillo,
despotricar contra los estalinistas
y sobre todo contra las estalinistas,
te pide, la ayudes a odiar a una fulana
mientras su carcajada hace que los libros tiemblen en los
        estantes,
y entonces percibes que más allá de la Guadalupana,
la dulce Tonantzin,
en el Distrito Federal, mientras Carmen exista,
siempre habrá una mujer entrañable.

PAUCARTAMBO

En Paucartambo la papa germinó
al tercer día de la creación.
Por ello, en la fonda de la familia Quispe,
el viajero descubre su especial y delicioso sabor,
el terroso milagro que permite la pervivencia del hombre.
Entonces,
alabada sea la papa,
alabada sea la olla de Dorotea Quispe.

EL CAZADOR

Un afamado letrado, autor de celebradas fábulas
y de juiciosos preceptos morales,
fascinado por los tigres acechantes en las obras de Kipling y
     de Borges,
decidió viajar a la isla de Java para adiestrarse en su cacería.
En tan azarosa empresa invirtió su juventud y su fortuna.
Con tan mala suerte,
que una vez finalizados los cursos y obtenidos
     merecimientos,
diplomas y permisos de trámite internacional,
no hubo tigres sobre los cuales ejercer tan romántico
     y riesgoso oficio.

ARHUACOS

Hongos somos,
frutos de la tierra parecemos,
vestidos de nieve, vamos.
Por la montaña sembramos piedras,
la losa blanca,
la losa roja,
como en el principio el sol y la luna.
Para que los Mamos soplen el caracol,
brinden el poporo.
Y la flor del platanillo,
el plumaje de los loros,
la sal multicolor del arcoíris,
nutran las almas de los ancianos
que tejen el silencio
y el agua.

EL PALMAR

Tal vez sea un cruce de caminos,
una descolorida postal,
un viejo sombrío de samanes.

Junto al broche está el lustroso Willys.
El abuelo lleva en sus manos el sombrero
presto a espantar las nubes de mosquitos.

El cacao perturba la codicia de los niños,
el incesante zumbar de las abejas.

Alguien canta, ¿tal vez una mujer?
una copla que trata del olor de la cosecha
tan empalagoso y volátil como el amor.

Hay rumores de oscuros designios.
Hablan de raros embrujos,
de provocados incendios,
de repetidas y misteriosas muertes.

Alguien llora,
¿quizá un hombre despojado de su condición de varón?

¿Cuántos recuerdos rebotan en un eco?
Tal vez los que abruman los huesos cansados de los viejos,
los estériles vientres de las mujeres,

el siniestro vacío del aire,
que no permitirá nunca saber si se trata de un cruce de
    caminos,
de una descolorida postal
o de un viejo sombrío de samanes.

CEQUIAGRANDE

A Carolina Urbano

Cuando la ceiba muda sus hojas,
las piedras repican una risa escondida.
Es verano,
la mañana se abre con la jocunda luz
de las veraneras.
En la tarde,
las muchachas depositan sus espejos
en el río.
Pretenden atrapar los secretos de la luna,
Mas sólo logran multiplicar las escamas
del salmón que avanza.

PANDI

Eran los años en que los sueños me habitaban.
Como el malabarista que se juega el alma
en compañía de la muchacha que se alimenta de fuego,
transitábamos mi madre y yo sobre los muertos
que en el día simulaban ser pájaros ciegos.
Peregrinos de la piedra, en romería a las aguas termales,
olorosas a azufre,
topábamos los límites del inframundo,
donde reinaba el jinete sin cabeza.
Mi madre, como si nada ocurriera,
iba señalando los nombres de los árboles:
éste es un guayacán, decía, aquel, un arrayán,
el que está junto a las grandes rocas, un guayabo,
y así uno tras otro, desfilaban ocobos, guanábanos,
gualandayes, almendros,
mientras yo recordaba el golpeteo de los cascos sobre
       las losas.
Hoy, cuando sólo quedan guijarros calcinados,
y no existen arboledas que podamos bautizar,
la voz de mi madre dibuja en mi memoria hermosos follajes.

EL PICACHO

La montaña desaparece en el pico
de una bandada de colibríes.
El río y el árbol no alimentan el fuego sagrado.
La piedra que edifica la casa del hombre
es hoy limo, sangre y excrementos.
No crece el yagé en la palabra del curaca,
por ello la canción se estanca, como el agua,
y daña a la gente del frailejón,
a los vecinos del yarumo,
a la abuela y al nieto,
porque las mujeres ya no bailan,
ni cuecen el maíz,
ni su humor da sabor al guarapo.
Se olvidó el saber,
el embrujo sucumbe ante la infamia
y las baratijas son como el espejo por donde viaja la muerte.
El día de la cosecha, la ebriedad del sol
provoca la fúnebre música de las flautas.

¿Sobre qué trocha,
en las manos de qué niño se asentará el bejuco
que señale de nuevo el sendero del cóndor?

TIERRADENTRO

Hay fiesta en el cabildo,
en Calderas la gente reunida inició
el sendero de la palabra.
En alto las banderas.
Los mayores distribuyen los trabajos,
las mujeres preparan los avíos,
los jóvenes más aguerridos
reciben sus bastones de guardia.
Se canta buscando aplacar los espíritus de los
milenarios templos,
de los antiguos caminos vienen,
de todos los lados de la tierra avanzan.
Y los que están por nacer
saben de su fuerza,
del presente que los nutre
en la altiva mirada de los ancianos.

TIERRADENTRO II

Aquí habla Aída Quilcué,
quien llegó de Toez con la avalancha.
El río arrasó parte de nuestra tierra pero nos entregó
a Aída Quilcué y a José Edwin Legarda.
La madre tierra siempre es sabia.
Aída Quilcué dice:
"Caminamos al hombro con muchos muertos,
al hombro con muchas tristezas"
El 16 de diciembre, asesinaron a José Edwin, su marido.
Fue un error del ejercito dice el Presidente.
Pero Aída Quilcué dice:
"Mentiroso, mentiroso, mentiroso"
Fue en la hacienda El Rodeo, propiedad de un terrateniente,
16 balas de fusil le disparó el ejército.
Y Aída Quilcué, sabe que esos disparos eran contra ella.
Porque ella tiene la palabra, la dignidad de la palabra,
La que recorre montañas, valles, ríos,
se trepa a los árboles, borra lo escrito.
Y, Aída Quilcué vuelve y habla:
"Aquí manda el pueblo, compañeros.
Sí me matan a mí, aquí hay un pueblo digno
unos hombres y mujeres valientes
que luchan por la verdad, por el respeto"
Así habló también La Gaitana, antes de vengar a su hijo.
Así habló también Angelina Gullumuz.
Así camina la Chonta,
reuniendo la Minga,

dignificando la palabra,
recorriendo montañas, agitando los valles,
purificando los ríos,
trepando a los árboles, borrando lo escrito.
Resistiendo, resistiendo, resistiendo.

HOMENAJE A LEONARD COHEN

Más que la nieve circula el polvo blanco
en este invierno de Times Square.
Los enganchados,
muestran carteles sucios de malos sueños.
Si armas un porro o bebes de la botella
pueden darte un golpe en los testículos
o condenarte a cadena perpetua.
Si usas una jeringa nadie parece notarlo
hasta que convulsionas como Janis Joplin.
Pasa un viento helado por Times Square,
deben ser las tripas de los mejicanos muertos
camino a Texas las que refrigeran los cánticos de San Patricio.
Pero nadie quiere a los mejicanos,
pongamos mejor una ofrenda floral por los caídos en Irak.
De los talibanes y las burkas de sus mujeres debe provenir
ese aliento gélido.
Hay un olor de alcantarilla en Times Square,
pero los chinos que se hacinan bajo tierra
hacen comestible el icopor
que los jóvenes ejecutivos consumen a las 12 m
en las escaleras que conducen al éxito en Times Square.
Aunque caminemos hasta el final de Harlem,
de visita en la milenaria abadía,
nadie te nombra Susana
y no subiremos a una limosina,
ni menos haremos el amor en un hotel de Chelsea.
Aún espero la primavera en Times Square.

Lista de espera
(2017)

ACERTIJO

El jazmín siempre avisa,
"vendrá una muchacha salida de un poema de Nerval",
dice.
Entonces abro el libro,
y apareces justo en la página
donde Gerard se niega a resolver el enigma de tus senos.

ALUMBRAMIENTO

Es callado el lenguaje de la piedra.
Tal vez cercano al habla de los gestos
con que el traductor de los sin voz pronuncia el poema.
Pero hay música en su silencio.
Un murmullo de agua, un decir del viento,
la leve brisa de un ala.
Y tu risa, que el alma del peñasco
convierte en aposento para las luciérnagas.

BUSCANDO JUNTO A LA CEIBA

El río bordea los senderos que madrugan.
En el fogón un rescoldo de noche calienta el café.
Hice un camino de *no me olvides*
sin saber que las lavanderas usan su esencia
para espantar las huellas del remordimiento.
La rueda de la fortuna te enseña que no hay manera
de recuperar la flor de la astromelia
cuando aparece el invierno.
Así la raíz de la ceiba guarde una incierta promesa.

COMO UN VIEJO BANDONEÓN

Un viejo bandoneón en el exilio
sueña la canción de aquel bar
donde ebrios juntábamos palabras
iluminadas por los ojos de ella.

Ella, que nos miraba con sus labios
de niña traviesa, pequeña diosa de la risa.
Su nombre,
María o Ana.
Manos de pajarera,
sembradora de orquídeas,
revoloteando entre un par de crepúsculos
que terminaban de bruces en la mesa.

¿Quién cosecha hoy el alcohol de las ausencias?
¿Quizá el guarda de otro cielo donde el vacío
estrena sus barrotes de olvido?
María, Ana, tal vez Ofelia,
esconde la copa entre tus senos,
donde hoy las muchachas encubren un colibrí
que parece un teléfono.

Que no nos encuentren llenos de rocío.
Es subversivo el día,
puede ser un poema repleto de rancios licores,
o de lluvia.

Y eso, puede ser el amor.
Es peligroso para los burócratas
y agentes del orden.

INTERIORES

El señor Pessoa se dispone a un nuevo desencuentro.
¿Se cruzará por la *Avenida da Liberdade*, que según se afirma
es la arteria más bella de Lisboa, con el señor Caeiro,
quien dicho sea de paso "sueña como sueñan las
        fotografías"?
O, al terminar la avenida, en la *Plaza Marques de Pombal*,
también llamada Rotunda, ¿topará al señor Reis, magnífico
celebrador de Homero?
No, el señor Pessoa, acaba de colgar su gabán,
aparece despojado de camisa, corbata y calcetines,
sus gafas ya reposan sobre el baúl,
que al decir del señor Tabucchi
está lleno de gente,
y se instala cómodamente en el anonimato del sueño.

LA GLORIA ERES TÚ

Las religiones del libro,
y los libros que nacen de esas religiones,
predican y profetizan sobre la gloria.
Los hombres,
nacen para obtener reconocimiento y premio.
Dios y el Diablo, recompensan a sus creaturas con un poco
de su lustre y prestigio.
Sólo los naturales de Acracia
nos negamos a tan baboso destino
planificando con paciencia y rigor
toda una vida de fracasos.
Negamos la experiencia como conocimiento.
Vieja arpía, la experiencia.
A cada fracaso,
se prepara otro mucho más esplendoroso.
Y así vamos, aplaudiendo y gozando
de nuestras más renombradas derrotas.
De nuestro cotidiano homenaje a la perplejidad
y al equívoco.
Apestosamente libres y solos.

PALABRAS COMO CÁRCELES

Algunos se construyen cárceles de aire.
Si dan un paso fuera, caen en el pozo de lo ignoto.
Se aburren, pero prefieren la comodidad de sus certezas,
a la extraña aventura de la incertidumbre.
Una vetusta patina cubre sus zapatos,
y usan capa dentro de la camisa almidonada.
Algunas palabras forman intrincadas alambradas
sobre la inocente página.
Fueron dichas por otros,
pero el ensimismado las recoge,
las hace suyas y las va instalando con mucha seriedad
y sapiencia donde alguna vez habitó el asombro.
Como se vanaglorian de su encierro,
y son muy apreciados por las academias,
tienen asegurado el bronce y el aplauso.

QUERIDO GEORGE

Recién me entero
que usted deseó antes de morir,
irse de copas con MalconLowry.
Sé que Lowry era de tragos difíciles,
pero igual, comparto su intención
de brindar con el Cónsul
en alguna cantina parecida a "El Farolito".
Sólo espero encontrar un sitio para
compartir nuestro destino de ebrios
querido y admirado George,
porque el otoño
en esta vetusta Praga es como una canción
de su estimada Anna Prucnal.

SIN PUNTOS SOBRE LAS ÍES

Dice el vulgo que los poetas viven del aplauso.
Dice la élite (más grotesca que el vulgo),
que los poetas viven del aplauso.
Vulgo y élite coinciden además en sostener
que los poetas son proclives a los halagos
y a los mimos del poder.
Ambos, vulgo y élite, admiran a los poetas
porque los reciben en los cocteles sin invitación previa.
Temen su lengua y sus odios.
Todos creen que la vida de los poetas es regalada
y piensan como Platón que son mentirosos y parásitos.
Los buscan para adularlos,
pero no compran sus libros y se aburren como ostras
en sus recitales.
No perdonan, unos y otros, su desenfado,
sus excesos de alcohol y de lujuria.
Pero abundan en guiños cómplices
y en hipócritas palmaditas en el hombro.
Cuando muere un poeta,
nadie recuerda sus versos,
pero son prolijos los obituarios.
Algún amigo bebe una copa en su nombre,
mientras ignaros y letrados
se regodean en sus cielos de plástico.

Un cubano que no baila

No pudimos visitar su tumba.
Al pisar el cementerio Colón,
un guarda nos cobró la entrada.
"Veinticinco dólares para extranjeros", anunció.
¿Qué socialismo es este donde se paga
por venerar a sus muertos?, preguntamos.
Y oímos claramente su socarrona voz:
"Jovencitos, la Revolución y el Vaticano
tienen los mismos peajes"
Ahí estaba,
con su insaciable curiosidad de glotón.
Mirándonos desde las palabras que estrangulaba,
que retorcía entre rones y carcajadas,
para ofrecerlas burlonas,
reventando de gozo, pariendo astros errantes,
igual a José Cemí, viajando a media noche
entre caballos de tiovivo
y sílabas giratorias.

Pequeña historia de mi país
(2021)

PEQUEÑA HISTORIA DE MI PAÍS

No hay tren, sólo muerte y desasosiego.
En la estación se amontonan las pieles de los desolados.
Un canto fúnebre alude al viento del salitre, al triste aullido
      del coyote.
El *Señor de todas las cosas* peregrina en la negra noche.
Torva pluma de buitre en su sombrero.
Arden los túmulos.
Una fusta de sangre golpea al brioso alazán.
En el palacio las ayer ultrajadas preparan el banquete.
Celebran sacerdotes y brujos el resplandor del *Innombrable*.
La peste, se confunde con la resaca de pedófilos, traficantes
Y monjas de clausura.
¿Dónde el sosiego?
La ciudad borra la imagen abominada.
Una grieta del azogue estalla en dos soles negros.
Se disuelve en gotas de sombra la crueldad de los furiosos.

OLOR DE PATRIA

Es un olor antiguo, como un viejo coagulo
que se desliza por el río.
Una mancha revuelta con sudor, pólvora
y cagajón de caballo.
Para no mentar la sangre que cubre las cosechas
envenenándolas, más que el glifosato.
Un hedor de pesadilla que aniquila los sueños
desde el vientre de las madres.
Nada puede la ruda, ni el romero, para espantarlo.
Nada, el canto de la marimba para sofocarlo
en las enaguas bailadoras.
Nada, tu risa.
Sigue ahí, como un olor a historia,
a cielos estancados y marchitos.

SALUDO A LAS MUJERES

Hola, soy Ariadna Efrón y llego a este poema
desde las gélidas y dolorosas tierras del oprobio.
Me acompañan mi madre, Marina Tsvietáieva,
junto a Ana Ajmátova y Nadiezhda Mandelstam.
Más miles y miles de mujeres violentadas
con las que fundaremos
el país de las mujeres y los hombres libres.
Lo haremos cantando y bailando con ustedes,
bailando y cantando,
con la luna de agosto en nuestras manos,
porque los rastros de todos los tiranos
son los cimientos de un cielo sin estatuas.

Homenaje a García Lorca

A pesar de que oficialmente
está la obligación de olvidar,
el crimen aún no se ha borrado.
No, no hablo de los miles de jóvenes
asesinados en mi país que sus madres
lloran y que, por ellos, claman justicia.
Hablo del cuerpo de un hombre sometido al escarnio,
a las balas, en su ciudad, aquella
que según Borges es la revelación de lo perfecto.
Y donde ocultan todavía el lugar de la vileza
y el sitio donde yacen sus huesos.
Hoy, a ochenta y cuatro años de la alevosía,
no ha llegado el tiempo de la verdad.
Y como el mendigo al que se refiere el poema,
seguimos con la pena de no ver en Granada.

DICES ¿POR QUÉ ES SALADO EL MAR?

Soy bruja.
Poseo el libro de las yerbas que cuenta las propiedades del
muérdago,
las bondades de la mandrágora y la virtud del hinojo.
Los guardas de las puertas sospechan de mi saber,
pero mi cabello suavizado con el aceite del romero
perfuma sus recelos
y puedo transitar libremente por la lluvia
que siempre logra confundirse con tu sudor,
esconderse en tus lágrimas,
verter en la inmensidad del océano
todas nuestras desdichas.

PALABRAS DE UN VIEJO GUERRERO

Luego de los azarosos tiempos de trompetas
y estandartes,
cuando las mujeres cabeza de pájaro
reinaban en acantilados
y en islas perdidas.
Mi padre, la mano izquierda puesta sobre su vieja cicatriz,
decía a quien quisiera oír:
«Hace años nuestros mayores transitaron el sendero de la
    guerra.
Vencieron. Hoy seremos vencidos.
Grave y dolorosa es la victoria».

PAISAJE URBANO

La ciudad se recuesta a los cerros.
Todavía hacen música los guitarristas ciegos,
tan viejos como las losas donde mendigan las viudas
y alimentan su odio los niños huérfanos.
A un costado, florecen las bromelias.
Aves del paraíso, las llaman.
El parque, me trae recuerdos.
No sé bien por donde llega la tarde.
Escucho un viejo rumor.
Las piedras multiplican el sonido del agua.
Bajo el ficus mi oído recoge los silbos
que tejen entre las ramas
las encendidas flores de antiguas memorias.
El árbol es un pueblo con alas.

PREGUNTAS ACUCIANTES

En una sesión académica el profesor
fue interpelado por uno de sus alumnos:
Maestro, le dijo, ¿Podría usted explicarnos
qué hacer con unas dudas que nos agobian?
A lo que el aludido respondió,
Si está en mi poder hacerlo, adelante.
Y esto fue lo que oyó:
—Maestro ¿qué vamos a hacer con esta plaga que nos aísla,
nos impide el abrazo, el beso, el roce de otra piel y nos
        confina
en la gélida y sombría individualidad del coltán y del
        azogue?
¿Qué hacer para recuperar los cantos y la alegría de las
        rondas
y bailes de infancia?
¿Cómo impedir que sigan traficando con nuestros cuerpos
y envenenando nuestras emociones?
¿Qué suerte de oración emplear para conjurar a los
        asesinos?
¿Hay algún amuleto contra la estupidez de quienes nos
        gobiernan?
A lo que el Maestro expresó:
—Quienes padecieron los campos de exterminio nazi
y los *gulags* del régimen de Stalin,
repitieron, para sobrevivir,
las palabras que se leen en el anillo del rey Salomón,
«También esto pasará...»

QUISIERA ESCRIBIR POEMAS CON FINALES FELICES

Parodiando a Nazin Hikmet,
quien pedía a su amigo y compañero de luchas,
Wala Nureddin que le enviara a prisión libros
con finales felices, juro que quisiera que mis poemas
tuvieran también finales felices.
Donde no se encontraran niños muertos de hambre,
o bombardeados por el ejército de mi país,
y no tuvieran que dar cuenta de gente asesinada
por dejar las armas,
o por reclamar su tierra,
pero no la que les echan encima cuando caen acribillados.
Poemas que exultaran el canto de nuestras muchachas
y no la manera en que las ultrajan y violan.
Versos optimistas sobre la riqueza de la patria,
que se reparten, entre orgías de sangre, unos pocos.
Amorosos cánticos que dieran cuenta de las manos,
los abrazos y los corazones que se estrechan,
no noticias de cómo manejan los traficantes
los cuerpos y las almas de mis compatriotas
que son subastadas
entre los envenenados cauces de los ríos,
los bosques incendiados
y Wall Street.
Donde tuviéramos muchos pastores de cabras,
infinidad de tejedoras de historias
Y los poetas se odiaran menos.

NOMBRAR A UN GATO

A Lilian Silva

Dicen eminentes rabinos que es imposible nombrar a Dios.
Sin embargo, otros le atribuyen doce nombres
y algunos, algo más generosos,
suman en setenta y dos sus patronímicos.
Es como nombrar a un gato.
¿Qué nombres le endilgaban a un gato los egipcios?
El mismo faraón dudaba entre nombrar al cielo
o al amor con un nombre felino.
Dice Eliot que son tres los nombres
que se deben buscar para nombrar a un gato.
Uno, como lo nombran los niños de la casa.
Otro, el apodo por el que se distingue.
Y un tercero que solo él conoce.
Es un mantra sagrado
y nunca lo dirá a ningún hombre.

UNA GOTA DE PERFUME EN EL PARAÍSO

Vestíamos nuestros cuerpos con el jugo rojo del achiote,
el blanco de la arcilla y el negro del carbón de la madre
   ceiba.
Bailábamos luciendo nuestras gargantillas
y aderezos de chaquiras que dibujaban soles, papagayos
y diminutas ranas sobre nuestros negros pezones.
Eso fue antes de la puesta del séptimo universo.
Después llegaron ellos.
Con negros trajes nos cubrieron,
como culpables viudas de un dios triste
nos vistieron.
En plañideras nos convirtieron.
Los cantos trocaron en mudez, quietud,
vergüenza siempre.
Dicen que como recompensa
nos espera una gota de perfume
en el paraíso.

LOS SABEDORES

Pedro Ángel Trochez y María Nelly Cuetia,
acababan de apagar el fuego ritual,
en el rescoldo se percibía la llegada de las luciérnagas,
cuando se los llevaron.
Balas de fusil les dispararon a sus cuerpos
ya lastimados por la tortura.
Los arrastraron junto a la laguna,
convencidos que en sus orillas yacerían inertes,
como las piedras.
Extraños a estas montañas, a estas aguas,
a esta urdimbre de lunas,
a esta nación que es el centro del mundo,
desconocían que el corazón de Pedro Ángel
y de María Nelly, es el mismo corazón del pellar,
milenario en su canto por la tierra.
Inmune a los asesinos,
que no perciben su silbo
convocando a la minga desde la palma de chonta
que alimenta con su danza la resistencia del viento.

ACERCA DEL AUTOR

Omar Ortiz Forero. Bogotá (1950). Poeta y ensayista, edita y dirige desde 1987 la revista de poesía *Luna Nueva*. Ha publicado más de 14 libros de poesía y en 1995 fue galardonado con el Premio Nacional de Poesía Universidad de Antioquia por su obra *El libro de las cosas*. Su libro *Diario de los seres anónimos*, ha tenido tres ediciones, una de ellas en España (2015), y la otra en la editorial francesa L'Hermattan, edición bilingüe (2019). Desde 1975 vive en Tuluá, donde es docente y Director Cultural de la Universidad Central del Valle.

ÍNDICE

El árbol es un pueblo con alas
(Antología personal)

Pequeña historia de mi país (2021)

Colección
PREMIO INTERNACIONAL DE POESÍA
NUEVA YORK POETRY PRESS

Colección
CUARTEL
Premios de poesía
(Homenaje a Clemencia Tariffa)

1
El hueso de los días
Camilo Restrepo Monsalve

-

V Premio Nacional de Poesía
Tomás Vargas Osorio

2
Habría que decir algo sobre las palabras
Juan Camilo Lee Penagos

-

V Premio Nacional de Poesía
Tomás Vargas Osorio

3
*Viaje solar de un tren hacia la noche de Matachín (La eternidad a lomo de tren) /
Solar Journey of a Train Toward the Matachin Night (Eternity Riding on a Train)*
Javier Alvarado

-

XV Premio Internacional de Poesía
Nicolás Guillén

4
Los países subterráneos
Damián Salguero Bastidas

-

V Premio Nacional de Poesía
Tomás Vargas Osorio

5
Las lágrimas de las cosas
Jeannette L. Clariond

-

Concurso Nacional de Poesía
Enriqueta Ochoa 2022

6
Los desiertos del hambre
Nicolás Peña Posada

-

V Premio Nacional de Poesía
Tomás Vargas Osorio

Colección
VIVO FUEGO
Poesía esencial
(Homenaje a Concha Urquiza)

1
Ecuatorial / Equatorial
Vicente Huidobro

2
Los testimonios del ahorcado (Cuerpos siete)
Max Rojas

�֎

Colección
PARED CONTIGUA
Poesía española
(Homenaje a María Victoria Atencia)

1
La orilla libre / The Free Shore
Pedro Larrea

2
No eres nadie hasta que te disparan /
You are nobody until you get shot
Rafael Soler

3
Cantos : & : Ucronías / Songs : & : Uchronies
Miguel Ángel Muñoz Sanjuán

4
13 Lunas 13 / 13 Moons 13
Tina Escaja

5
Las razones del hombre delgado
Rafael Soler

6
Carnalidad del frío / Carnality of Cold
María Ángeles Pérez López

Colección
MEMORIA DE LA FIEBRE
Poesía feminista
(Homenaje a Carilda Oliver Labra)

Colección
PIEDRA DE LA LOCURA
Antologías personales
(Homenaje a Alejandra Pizarnik)

Colección
MUSEO SALVAJE
Poesía latinoamericana
(Homenaje a Olga Orozco)

1
La imperfección del deseo
Adrián Cadavid

2
La sal de la locura / Le Sel de la folie
Fredy Yezzed

3
El idioma de los parques / The Language of the Parks
Marisa Russo

4
Los días de Ellwood
Manuel Adrián López

5
Los dictados del mar
William Velásquez Vásquez

6
Paisaje nihilista
Susan Campos Fonseca

7
La doncella sin manos
Magdalena Camargo Lemieszek

8
Disidencia
Katherine Medina Rondón

9
Danza de cuatro brazos
Silvia Siller

10
Carta de las mujeres de este país / Letter from the Women of this Country
Fredy Yezzed

Colección
TRÁNSITO DE FUEGO
Poesía centroamericana y mexicana
(Homenaje a Eunice Odio)

✺

Colección
LABIOS EN LLAMAS
Poesía emergente
(Homenaje a Lydia Dávila)

Colección
SOBREVIVO
Poesía social
(Homenaje a Claribel Alegría)

1
#@nicaragüita
María Palitachi

2
Cartas desde América
Ángel García Núñez

3
La edad oscura / As Seen by Night
Violeta Orozco

4
Guerra muda
Eduardo Fonseca

✄

Colección
VÍSPERA DEL SUEÑO
Poesía de migrantes en EE.UU.
(Homenaje a Aida Cartagena Portalatín)

1
Después de la lluvia / After the rain
Yrene Santos

2
Lejano cuerpo
Franky De Varona

3
Silencio diario
Rafael Toni Badía

4
La eternidad del instante/The Eternity of the Instant
Nikelma Nina

Colección
MUNDO DEL REVÉS
Poesía infantil
(Homenaje a María Elena Walsh)

1
Amor completo como un esqueleto
Minor Arias Uva

2
La joven ombú
Marisa Russo

✄

Colección
VEINTE SURCOS
Antologías colectivas
(Homenaje a Julia de Burgos)

Antología 2020 / Anthology 2020
Ocho poetas hispanounidenses / Eight Hispanic American Poets
Luis Alberto Ambroggio
Compilador

✄

Colección
PROYECTO VOCES
Antologías colectivas

María Farazdel (Palitachi)
Compiladora

Voces del café

Voces de caramelo / Cotton Candy Voices

Voces de América Latina I

Voces de América Latina II

Para los que piensan, como Octavio Paz, que la "poesía es la unión de dos palabras que uno nunca supuso que pudieran juntarse", este libro se terminó de imprimir en el mes de marzo de 2022 en los Estados Unidos de América.

www.ingramcontent.com/pod-product-compliance
Lightning Source LLC
Chambersburg PA
CBHW021358090426
42742CB00009B/915